Para:

Caro Guillén

y sus pequeñas coachef-

Mía 3. Antonella

¡ Con mucho cariño y esperando

que lo disfruten!

Carolina Van Pampus

CONVIVIENDO CON NUESTRO PEQUEÑO COACHEE

Asumiendo el desafío de ser Padres & Coaches
al mismo tiempo

Carolina Van Pampus

Primera edición: Agosto del 2017.

Ilustración: Belén Cao

Colaboradores:
Lic. Ana Rocío Velázquez – Abogada y Asesora en Lactancia Materna.
Lic. Iraida Martucci – Psicóloga Infantil.
Coach Dilcia Ruan. LCI. Autora del libro: "Conexión padres e hijos" y
Directora Ejecutiva de Ismael Cala Foundation.
Coach Lorena Álvarez – MCI en Coaching Emocional, Empresarial y de Salud.
Estetista Emocional. Re-equilibradora Corporal.

Servicio de Publicación ACE - ACCA

ISBN-10: 1548089729
ISBN-13: 978-1548089726

Twitter: @carolvanpampus
Instagram: @carolvanpampus
Facebook: Carolina Van Pampus
Correo: carolvanpampus@gmail.com
Web: www.carolvanpampus.com

AGRADECIMIENTOS

Quisiera comenzar estas líneas agradeciéndole a mi niña interna por no dejarme abandonar nunca este sueño de publicar mi libro.

A mis morochas, Miranda y Anabella, quienes son mis pequeños angelitos y que, desde donde estén, continúen iluminando mi camino. A mi hija, Alana, con quien estoy profundamente agradecida por ser mi inspiración y mi gran maestra.

A mi esposo, por todo el apoyo que me prestó durante esta aventura, en especial las últimas noches antes de la entrega.

A toda mi familia y amigos aquí en USA y los que tengo regados por el mundo (son muchos para nombrarlos uno a uno). Gracias por su apoyo, por siempre confiar en mí y hacérmelo saber. En especial, a mis abuelos y a mis padres, quienes son mis pilares y mis grandes ejemplos de vida.

A mi consultora de Lactancia, Ana Rocío Velázquez. Me siento muy afortunada y agradecida de haberte encontrado. Eres una mujer admirable.

A mis Coaches, Oscar López, quien me introdujo en el mundo del Coaching, Patricia Guerrero (mentora principal y amiga) e Írisz Császár (Coach y amiga), por su confianza y su motivación. Este viaje no hubiese sido el mismo sin ustedes.

A la Academia, por brindarme la oportunidad de iniciar y culminar este curso.

¡Gracias totales!

ÍNDICE

PRÓLOGO

Si eres papá, mamá o estás a cargo de la crianza de un niño es común que ante situaciones cotidianas surjan preguntas, tales como: ¿Estaré haciendo lo correcto? ¿Lo estaré haciendo bien? Las dudas o las preguntas son parte del proceso de crianza y casi siempre se enfrenta esta tarea con un genuino deseo de hacerlo bien, unos preguntando mucho, buscando recetas, técnicas o experiencias en los que ya han pasado por allí, algunos queriendo ser guiados por su intuición o lo que los haga sentir cómodos con el "método" utilizado que no necesariamente se parece a lo que otros hacen. Sea cual sea la forma de abrazar la crianza, es profundamente enriquecedora si se está dispuesto a prestar atención a lo que queremos ser como adultos y padres.

Cada vez más encontramos material y disponemos de información que hace referencia a la utilidad que representa para los padres incorporar a la relación con sus hijos la disciplina del Coaching, asumiendo ellos el rol de Coach y mirando a sus hijos como el Coachee (persona que recibe Coaching), porque forman parte de la vida y para quienes deseamos el desarrollo de su máximo potencial. Este libro representa un novedoso aporte que nos invita no solo hacer cosas para criar nuestros hijos de una determinada manera, sino que trae una propuesta para reflexionar sobre cómo siendo mejores personas podemos esculpir en el cerebro de los hijos un modelo que los ayude a ser la mejor versión de ellos cada día.

Carolina se atrevió aceptar el reto que le propuso Alana, al tener su hermosa bebé ¿vinieron las preguntas? ¿las inquietudes? y junto a ella la oportunidad de escribir este libro que surge de uno de los regalos con mayor carga de inspiración como lo es un hijo, tener ambas se convirtió en una oportunidad para crear, y además de encontrar las respuestas que buscaba, nos propone un maravilloso recurso para establecer cercanía, dar amor y nutrir el cerebro de un hijo como son los cuentos para niños.

"*Conviviendo con nuestro pequeño Coachee*" incluye, además de información para padres, algunos cuentos para niños menores de 6 años, en los cuales los personajes emplean las herramientas de Coaching expuestas en la primera parte del libro, promoviendo de este modo, la idea de ser padres, de ser coaches y de "estar presentes" en la vida de nuestros hijos asumiendo ambos roles, en una era de redes sociales donde el tiempo y el compartir en familia a veces escasea. De esta forma, este libro se convierte en un regalo para alimentar y cultivar habilidades en los hijos para desarrollar su ser, que al final es lo verdaderamente importante.

Dilcia Ruan
Life Coach Integral
Autora del libro: "Conexión padres e hijos"
Directora Ejecutiva de Ismael Cala Foundation

PREFACIO

Este libro es la realización de una meta que me viene acompañando desde mi niñez. Antes pensaba, ya todo está dicho o escrito, ¿qué podría yo comunicar que no se haya hecho ya?...Me tomó tanto tiempo entender que tenemos tanto que compartir, y que si bien hay otras madres allá afuera, mi experiencia y mi aporte son únicos, al igual que el de ustedes. Es por ello que decidí actuar y sentarme a escribir, con sencillez y claridad, las cosas que me han inspirado en este camino que voy descubriendo día a día, a través de mi maternidad.

Además, debo añadir que la maternidad cambió por completo mi percepción de la vida. No solo por el hecho de vivir la experiencia de ser capaz de crear vida a través de mi cuerpo, lo cual resultó para mí una experiencia fascinante y que me hizo sentir sumamente empoderada, sino también porque mi primer embarazo me sacó totalmente de mi zona de confort y me hizo cuestionarme y replantearme mis prioridades.

La primera vez que salimos embarazados, no fue algo inesperado, pues tanto mi esposo como yo estábamos ansiosos de tener un bebé y teníamos algunos meses en la búsqueda. Lo que si nos tomó por sorpresa fue el hecho de que al llegar a la primera consulta médica nos dijeran que esperábamos gemelos. En ese momento, creo que los dos quedamos pasmados ante semejante noticia. No sólo seríamos padres, sino que por partida doble.

Con honestidad, estuve algunos días entre la alegría y el miedo que me generaba esta situación, no solamente porque la maternidad no viene con un manual incluido sino porque hacía casi cuatro años que habíamos emigrado a Estados Unidos y, si bien teníamos parte de nuestra familia aquí con nosotros, la idea de dos bebés me hacía extrañar más aun a los que tenía lejos: mi mamá, mis abuelos, tíos, primos y en general a mi familia. Mi embarazo continuó y a las 12 semanas dimos la noticia a familiares y amigos, luego de eso alrededor de las 16 semanas nos confirmaron el sexo, dos niñas venían en camino: Miranda y Anabella Van Pampus.

Nuestra alegría crecía todos los días, estábamos muy emocionados. Comencé a leer toda clase de libros, a buscar guarderías (¡me gusta planificarme con tiempo!), a sacar cuentas y junto con mis cuentas imaginarias vino el miedo: ¿Cómo lograríamos sacar adelante a dos bebés al mismo tiempo? ¿Doble mensualidad en la guardería? ¿Dos veces más pañales? ¿Más ropa? Y a pesar de mi alegría de estar embarazada, debo admitir que pasé mucho tiempo enfocada en cosas tan poco importantes como el dinero y los gastos. Lo que quiero decir con esto simplemente es, que yo no estaba al cien por ciento en mi maravilloso presente, viviendo mi embarazo a plenitud, sino que mi humanidad me llevó a desenfocarme y vivir una parte en el futuro, un futuro que nunca llegó y que hubiese pagado con gusto cada dólar que tengo en el banco si eso hubiese cambiado el resultado de lo que sucedió después.

A los cinco meses de embarazo (22 semanas y media) comencé con fuertes dolores y noté que estaba sangrando. Al llegar al hospital, el doctor nos confirmó lo que tanto presentía: la vida de mis bebés estaba en peligro. Algo había causado que mi placenta se desprendiera, lo que a su vez había generado que yo entrara en trabajo de parto y que conllevaría a que tendría que dar a luz de forma inminente, con un 99% de posibilidades de que las gemelas no sobrevivieran (aún si nacían vivas) y dentro del 1% restante de posibilidades de que sobrevivieran, había un ensordecedor 90% de que quedaran con alguna muy marcada consecuencia negativa para su salud.

En ese momento, acostada en esa cama de hospital, todo mi mundo cambió. Allí en medio del dolor físico, los sedantes, las enfermeras, mi esposo y mi familia, yo sentía un dolor mucho más profundo, más intenso, que no cedía ante ninguna palabra de aliento, ante ninguna oración: el emocional.

Con toda seguridad puedo afirmarles que ese dolor, esa sensación de impotencia por sentirme con las manos atadas ante la situación que se me presentaba, esa tristeza que en ese momento parecía infinita, no la había sentido antes. Como pareja, tener que conversar sobre los porcentajes de los que nos habló el doctor, decidir si terminar de inducir el parto o esperar, en vez de estar pensando en qué color de cuna vamos a elegir o cuál vamos a utilizar para pintar la pared del cuarto, fue muy determinante en nuestra relación. Evidentemente, en ese momento no lo vimos de esa forma, pero el apoyo mutuo que nos brindamos durante esa experiencia, fortaleció en el plano emocional las bases de nuestro matrimonio.

A pesar de que las bebés nacieron vivas, no lograron sobrevivir. Sostener sus frágiles cuerpos entre mis brazos y admirar la perfección de lo que había logrado crear dentro de mí, aun cuando no fuesen a quedarse conmigo físicamente, es algo que atesoro en mis recuerdos. Y es el punto donde mi mundo dio un giro trascendental.

Los días por venir transcurrieron entre lágrimas, tristeza, rabia, culpa, calma, perdón hacia mí misma, intentar en varias oportunidades hacer las paces con mi cuerpo, caer, levantarme, reír, trabajar para mantener la mente ocupada. Aunque lo que recuerdo con mayor vivacidad, es el apoyo de mi familia y amigos, todos y cada uno a su forma y en sus palabras o modos me ayudaron a levantarme, a sentirme viva, a no decaer. Especialmente, el hecho de que mis propias hijas habían nacido vivas, para mí fue un gran ejemplo de que ambas nacieron luchadoras, y si bien sus pulmones no estaban desarrollados como para permitirles aguantar más que algunos minutos vivas, eso para mí hizo una gran diferencia.

Con mi segundo embarazo, decidimos no saber el sexo del bebé hasta el final. Buscamos formas de hacer las cosas diferentes con el fin de obtener resultados diferentes. Y así fue. Este embarazo lo vivimos plenamente y el 21 de Enero de 2016, nació nuestra hija: Alana Van Pampus. Ella ha sido una gran motivación e inspiración en nuestras vidas.

Con Alana nos hemos permitido reforzar el estar presentes en su vida y cotidianidad lo más posible, considerando que ambos trabajamos fuera de casa y tomando en cuenta que el ritmo de vida actual de muchas familias está bastante marcado y sujeto a un factor que se plantea en tantas ocasiones como escaso: el tiempo.

Y para reforzar esa idea de que como padres es valioso y hasta mágico "vivir el hoy" sin forzarnos a tener el control absoluto de nuestro "mañana", es que nace este libro.

También me permito aclararles que, cuando a lo largo de mis líneas, me refiera a mamá y/o a papá, quisiera aprovechar la oportunidad para incluir a todas esas personas que son los más cercanos a los bebés y niños, y que de una forma u otra, o bien por una determinada causa o circunstancia, han venido a substituir al padre o a la madre. Hago esta aclaratoria, debido a que en casos como estos, generalizar solamente entre mamá y papá facilita el flujo de información.

Ya metiéndonos de lleno en lo que podrán encontrar en "*Conviviendo Con Nuestro Pequeño Coachee*", me gustaría comenzar por decirles que esta obra se divide en dos partes. La primera parte es un abreboca para los padres, acerca de las interrogantes que me llevaron a escribirlo, considerando el cómo se lleva a cabo el aprendizaje en los niños hasta los 6 años de edad y las razones que hacen fundamental para el bebé o infante, la presencia de papá o mamá en esta etapa.

Aunado a ello, en esta primera parte, también encontrarán las respuestas que fui ubicando para algunas de mis preguntas, las cuales desarrollé bajo la lupa del Coaching y sus herramientas.

En la segunda parte del libro, hay una invitación a actuar, a través de las historias para niños. En esta sección, hay un llamado a compartir con nuestros hijos, incluso podríamos decir que, esta segunda parte del libro, es para ellos. En estos cuentos, podrán encontrar herramientas de Coaching muy sutiles para poner en práctica con nuestros hijos y que harán una gran diferencia en nuestras vidas.

Finalmente, las reflexiones anexadas después de las historias para niños dan respuesta a una de las preguntas que quedó pendiente por responder al inicio, resumiendo de forma clara, el objetivo central de este libro.

CAPÍTULO I

"BEBÉ Y COMPAÑÍA es una historia con tres protagonistas (ella, él y el bebé) que reproduce paso a paso esta aventura tan única y al mismo tiempo tan universal. El argumento es muy simple: ella y él lo meditan, ella y él lo hacen, ella y él esperan, ella y él desesperan, ella tiene el bebé (mientras él mira) y el bebé cambia por completo las vidas de ella y él."

Carles Capdevila

I.1. Las preguntas.

Durante mi segundo embarazo, mucha gente me decía: "Tener un hijo te cambia la vida". Ciertamente, esa frase en oídos de una futura mamá crea infinitas expectativas, ilusiones, alegrías y, al mismo tiempo, un poco de angustia y miedo, en especial por la incertidumbre que genera esta vida de madres y padres. No hay un manual para guiarnos, solo nuestra intuición y los aprendizajes obtenidos durante nuestra crianza y experiencias propias.

A pesar de todo lo que puede haber pasado por nuestras mentes al escuchar frases como estas, para poder saber realmente cómo te cambia la vida un hijo, hay que tener uno. Cuando finalmente esa personita llega a nuestras vidas, a veces, se hace muy difícil recordar cómo éramos antes de su nacimiento. Así de importante resultó la llegada de mi hija, Alana, a mi vida.

Además de los cambios que trajo Alana a nuestra rutina diaria (me refiero a mi esposo y a mí) como personas, como pareja y hasta como profesionales, creo que los cambios más importantes, se dieron a nivel emocional.

Sin embargo, y aunque sé que la llegada de nuestra hija afectó muy positivamente el estado emocional de mi esposo, quisiera enfocarme, de forma breve, en mi propia experiencia sobre su nacimiento, el asumir mi nuevo rol de mamá y la búsqueda del equilibrio entre este nuevo rol y mi vida en general, para poder hablarles con propiedad y evitar hablar en nombre de otra persona, aunque esa otra persona sea mi esposo.

Desde ese 21 de Enero de 2016, debo confesar que me sentí empoderada, me sentí feliz y plena. No obstante, al mismo tiempo nunca había sentido tanto miedo de la responsabilidad que se presentaba delante de mí. Allí estaba Alana, recostada en mi regazo sin la más mínima idea del mundo que la rodeaba, excepto que el calor de mi cuerpo y el latir del corazón era lo único familiar y conocido para ella. Después de todo, habían sido nueve meses gestándose dentro de mi útero.

Entonces, en ese momento, comencé a preguntarme a mí misma -como nos pasa a la mayoría de las personas (padres o no) cuando tenemos un gran desafío por delante-: ¿Cómo voy a abordar esta situación? En este caso particular, la pregunta venía enfocada hacia mi desempeño como mamá: ¿Cómo me voy a comunicar con ella? ¿Cómo voy a proveerle a mi hija las herramientas que necesitará durante su vida? ¿Qué herramientas tengo para iniciarme en este nuevo camino? ¿Cómo podré saber que estoy siendo una buena madre? Entre otras muchas interrogantes, decidí comenzar una pequeña investigación para entender más a mi bebé y tomar nuevas ideas para mi nuevo rol como mamá.

Con esto no quisiera darles a entender que nuestro instinto como madres o padres es insuficiente, o que para ser mejores padres deberíamos hacer esto o aquello. No creo en que, como padres, seremos más o menos exitosos si seguimos unas pautas específicas. Confieso que creo en que cada bebé o niño son diferentes y me gusta abrazar esa diversidad.

De igual modo, no considero que las madres tengamos que esforzarnos, más aún, en hacer lo que otros consideran correcto. No obstante, sí merecemos tener conocimiento a nuestro alcance, tanto en términos científicos como en términos emocionales, para comprender más profundamente qué sucede con nuestros hijos desde que son bebés y a medida que van creciendo. Mientras más sabemos, tendremos más recursos para cambiar o abordar de forma distinta lo que queramos.

Por ello, les invito a ver este libro como una propuesta, una herramienta o una forma de ser empática con la necesidad que, al igual que yo, tienen ustedes como papás y mamás, ya que si algo he aprendido durante mi vida y en mi poco tiempo como mamá, es que cuando trabajamos con personas no hay manuales ni fórmulas exactas o universales.

Luego de estas breves reflexiones, les seguiré contando lo que encontré cuando decidí emprender esta pequeña investigación para tratar de dar respuesta a las interrogantes que me planteé en un inicio.

Comencé por investigar un poco acerca de cómo es el sistema de aprendizaje en los niños durante sus primeros años de vida, con la finalidad de tratar de responder a mi primera pregunta: ¿Cómo me voy a comunicar con ella?

I.2. ¿Cómo aprenden los niños?

¿Alguna vez han escuchado decir que los niños son como esponjas? Esta expresión se usa, coloquialmente, porque los pequeños en casa tienen una mayor capacidad para absorber todo el conocimiento posible de forma más rápida que el adulto promedio. Un ejemplo claro, son los idiomas. Cuando una familia se muda de país, usualmente los primeros que aprenden a hablar el nuevo idioma son los niños, solo por su interacción con sus maestros y otros pequeños en la escuela o guardería.

Indudablemente, y contrario al ejemplo anterior, existen partes de nuestro comportamiento, como seres humanos en general, con las cuales nacemos. Así nos indica, Lipton (2008) en su trabajo de investigación *La Inteligencia… de las Células*:

"Las percepciones más primitivas son las que adquirimos por nuestro genoma. Dentro de nuestros genes existen programas que proveen conductas de reflejos fundamentales denominados instintos. Retirar la mano del fuego es un comportamiento derivado de la genética que no tiene que ser aprendido. Instintos más complejos incluyen la habilidad de los bebes recién nacidos de nadar como delfines o la *activación de mecanismos de curación innatos para reparar el sistema dañado o eliminar un bulto cancerígeno.* Los instintos genéticamente heredados son percepciones adquiridas de la naturaleza."

Sin embargo, además de estos instintos genéticamente heredados, aprendemos a marcar nuestro comportamiento, decisiones, gustos, entre otros, gracias a la información almacenada en nuestra mente subconsciente: "Los neurocientíficos cognoscitivos concluyeron que la mente consciente de sí misma proporciona solamente alrededor de un 5 por ciento de la actividad cognitiva. Consecuentemente, el 95 por ciento de nuestras decisiones, acciones, emociones y conductas son derivadas del procesamiento desapercibido de la mente subconsciente."

Lo más interesante de este punto es que, a pesar de que nuestra mente subconsciente está en pleno funcionamiento y procesamiento de emociones, estímulos y experiencias toda nuestra vida, los años más influyentes para ella son aquellos que transcurren durante la infancia. Este hecho está ligado a las ondas cerebrales que emite el cerebro primero, entre los 0 y los 2 años, y luego entre los 2 a los 6 años.

En otras palabras, cuando un bebé llega al mundo, trae consigo los instintos genéticamente heredados y su mente subconsciente casi en blanco. Entonces su cerebro comienza a emitir ondas, las cuales por su frecuencia, resultan fundamentales en el nivel de aprendizaje de los bebés y niños en general, especialmente, hasta que cumplen 6 años de edad[1].

En un intento deliberado por transmitir esta información de manera sencilla y hacerla más interesante para todos los padres lectores, comenzaré por tomar prestado el siguiente cuadro resumen, el cual expresa el tipo de onda que emite el cerebro, cuando se encuentra en una frecuencia determinada y el estado de consciencia a la que se asocia dicha frecuencia en una persona adulta:

Actividad	Frecuencia	Estado Cerebral
Delta	0.5-4 Hz	Sueño/inconsciente
Theta	4-8 Hz	Imaginación
Alpha	8-12 Hz	Conciencia calma
Beta	12-35 Hz	Conciencia enfocada
Gamma	>35 Hz	Rendimiento pico

Cuadro N° 1 Ondas cerebrales y la Frecuencia asociada al Estado de Consciencia de un adulto. Fuente Lipton (2008)

Así pues, vemos que en un cerebro adulto, las ondas delta son aquellas que operan mientras la persona está dormida o en un estado inconsciente. No en vano es la frecuencia más baja de la actividad neural. Las ondas theta equivalen al estado de consciencia en que el adulto se encuentra sumido en su imaginación o en un estado de ensoñación, que a su vez, le permite estar profundamente relajado. Las alpha se refieren a un cerebro relajado y tranquilo, aunque consciente del mundo que lo rodea. Las beta son esas ondas que nuestro cerebro emite constantemente y en plena consciencia para procesar la información sensorial e intentar crear un significado entre el

---

[1] Según el propio Lipton, (2008), los cerebros de los niños menores de 6 años no operan en ondas alpha, que son aquellas asociadas al estado de consciencia calma en un adulto y que permiten el procesamiento consciente de los estímulos o emociones.

interior y exterior. Y finalmente, las gamma se generan cuando nuestro cerebro está trabajando en su máxima expresión por momentos determinados (este es el estado menos frecuente).

Una vez dicho esto y volviendo de lleno al tema que aquí nos atañe, es posible afirmar que el cerebro de los niños entre 0 y 2 años aproximadamente está constantemente emitiendo ondas delta, que como ya vimos, son aquellas en las que el cerebro de un adulto funciona mientras está dormido o en un estado inconsciente. Por ello, no resulta raro ver que un recién nacido esté durmiendo la mayor parte del tiempo, (normalmente no pueden estar despiertos durante más de varios minutos seguidos y es la razón por la cual los bebés pueden dormir incluso con los ojos abiertos). Cuando los niños de 1 año están despiertos, su cerebro se encuentra la mayor parte del tiempo en delta, funcionando sobre todo desde el subconsciente. Luego entre los 2 y 6 años, aumentan su frecuencia neural y sus cerebros comienzan a operar fundamentalmente en el rango de las ondas theta. Allí la imaginación inunda sus vidas de lleno y podemos observar como comienzan a mezclar el mundo real con la fantasía.

Sin embargo, en ambos casos bien afirma Lipton que, "La actividad predominante delta y theta en niños de menos de seis años significa que sus cerebros están operando a niveles por debajo del consciente (…) El niño vive los primeros seis años de su vida en un trance hipnótico."[2]

En pocas palabras, la información, experiencias, emociones, ejemplos y todo aquello que comunicamos a nuestros hijos durante sus primeros años de vida, será algo que quede almacenado directamente en su subconsciente. Como la mente consciente no se encuentra operando (ya que el cerebro de los niños durante estos primeros 6 años no opera en ondas beta), no hay oportunidad de que el bebé o niño cuestione, rechace o distinga la información que está recibiendo. En términos sencillos, **el cerebro del bebé y posteriormente del niño, se convierte en un gran receptáculo de estímulos, emociones y experiencias.**

Después de leer todo esto, volví a mi pregunta inicial: ¿Cómo me voy a comunicar con ella? y me di cuenta de la importancia que tenía la respuesta a esta interrogante en este nuevo contexto.

---

[2] Esta afirmación la hace el autor considerando que, los estados de consciencia que se alcanzan bajo delta y theta, son los mismos que buscan alcanzar los profesionales que emplean la hipnosis en la terapia con sus pacientes adultos.

I.3. ¿Cuál es mi aporte como mamá/papá en la relación con mi hijo(a) durante los primeros años?

Ya teniendo una mayor claridad sobre la facilidad de aprendizaje que tienen los pequeños durante su infancia y como parte de la respuesta a mi pregunta previa de cómo me voy a comunicar con mi hija de ahora en adelante, considero que resulta fundamental señalar también, aunque de forma muy breve, el aporte y alcance de nuestro rol como padres en la vida de nuestros niños, durante esos primeros años.

Podemos comenzar con la importancia y contribución de la relación entre mamá y bebé. Sabemos que el bebé, desde que es fecundado, tiene su primer contacto directo con su mamá, porque evidentemente se forma dentro de ella.

Luego, es posible afirmar que esa relación mamá-bebé (que se afianzó durante los meses de embarazo), se fortalece aún más después del nacimiento, dado que los primeros cuidados los recibirá de su madre, quien por naturaleza puede amamantarlo o alimentarlo y todo ello, comienza a sentar las bases del desarrollo emocional del bebé. Básicamente, esta criatura no percibe que él y su mamá son dos personas diferentes hasta más o menos los 8 meses de vida del niño, que es cuando comienza a gatear o a dar sus primeros pasos, y comienza a independizarse de su madre. Es de ella de quien puede aprender una sensación cálida de bienestar que perdurará toda su vida. Es del calor del cuerpo de la madre que los seres humanos aprendemos a confiar en el mundo y en los demás.

Gracias a ese proceso de sintonía, podemos afirmar que se crea un vínculo de apego entre el bebé y la mamá que resulta normal y natural, en el cual la madre representa el equilibrio para el niño, brindándole seguridad y tranquilidad cuando le da cariño, cuando lo abraza, cuando sintoniza con el bebé.

Me tomo un momento para hacer un pequeño paréntesis y dejarles saber que este **apego** del que hablamos es diferente a la sobreprotección, porque en el **apego**, mamá y bebé, son dos individuos que se reconocen como tal y necesitan espacio para desarrollarse. Luego, el niño irá creciendo e igualmente necesitará de su mamá desde otra perspectiva. Un infante más autónomo sigue requiriendo atención y límites al mismo tiempo. En la sobreprotección, se anula al niño como individuo y se le frustra su crecimiento emocional. Como todos sabemos, los extremos son dañinos, sean para un lado o para otro.

La presencia de la madre cuando el niño tiene miedo, tristeza o ansiedad ante algo, su compañía y atención, le ayudan a formar el temperamento o carácter que irá desarrollando con los años. La madre es ese primer nexo con el mundo y por ello, resulta tan importante que ese primer encuentro se desarrolle con base en la tranquilidad y el afecto, para que sienten las bases de lo que será la interacción del niño y su entorno.

No obstante, en el modelo de familia tradicional, no solo la relación con la madre es importante. También está la relación del niño con su papá. Antes, el padre era considerado un proveedor netamente. No era necesario o costumbre que se involucrara de lleno en la crianza del niño. Sin embargo, ahora las cosas han cambiado y el padre resulta un apoyo fundamental para la mamá en esta primera etapa cuando el niño es aún un bebé.

Ahora bien, ¿qué trae el padre a la relación con el niño? Contribuye con la autonomía e independencia del niño, porque favorece el proceso de separación y de individualización de la mamá, ya que existe otra persona que interactúa y que afecta ese vínculo que existe entre mamá y bebé. De este modo, el niño se da cuenta que no solo existe mamá, sino que también hay otra figura que aparece y que viene a establecer diferencias. Por ejemplo, en la diferenciación a nivel sexual (cuando el niño está más grande) o en los juegos que pueden llevarse a cabo, ya que en los juegos con el padre interviene más la parte motora. Asimismo, según diversos estudios realizados por expertos en este tema, la relación con el padre le aporta equilibrio a la dinámica familiar, dado que si el papá resulta ser más estricto, entonces mamá tenderá a ser más permisiva con el niño o viceversa.

La presencia del padre, por otro lado, es el puente que ayuda al bebé a pasar de ese único entorno físico y emocional, que es la madre, al mundo exterior. Es el padre quien acompaña al niño en ese transitar. Podríamos decir que el padre es el nexo entre la madre (que hasta ahora es todo lo que el bebé conoce y necesita) hacia el mundo que habita y que poco a poco irá descubriendo. En síntesis, el padre aporta, entre otras cosas: estabilidad, la seguridad, la aventura por lo nuevo y la curiosidad.

Después de leer todo este material cuidadosamente, reflexioné entonces sobre el tipo de comunicación que deseaba tener con mi hija Alana, y la importancia que tenía para mí la forma en que iba a hablarle y lo que le diría de ahora en adelante. Sin embargo, retomando la reflexión inicial de este primer capítulo, no quisiera ser yo quien te dijera cómo comunicarte con tus hijos o qué "debes" decirles, en particular porque considero que los "debería" conllevan una carga emocional muy pesada. Más bien, la invitación es a que se pregunten a ustedes mismos como padres y a la luz de estos conocimientos, ¿Cómo quiero comunicarme con mi hijo a partir de ahora? ¿Cuál es el mensaje que quiero quede almacenado en su subconsciente? ¿Qué lenguaje voy a utilizar? ¿Qué deseo transmitir? ¿Es mi comunicación efectiva? ¿Qué podría cambiar en mi manera de expresarme o en mi mensaje?

CAPÍTULO II

"Nuestro miedo más profundo no es que seamos inadecuados. Nuestro temor más profundo es que somos excesivamente poderosos. Es nuestra luz, y no nuestra oscuridad la que nos atemoriza. Nos preguntamos: "¿quién soy yo para ser brillante, magnífico, talentoso y fabuloso?" En realidad, ¿quién eres para no serlo? Infravalorándote no ayudas al mundo. No hay nada de instructivo en encogerse para que otras personas no se sientan inseguras cerca de ti. Esta grandeza de espíritu no se encuentra sólo en algunos de nosotros; está en todos. Y al permitir que brille nuestra propia luz, de forma tácita estamos dando a los demás permiso para hacer lo mismo. Al liberarnos de nuestro propio miedo, automáticamente nuestra presencia libera a otros."

Marianne Williamson

En el Capítulo I, reflexionamos acerca de una de las primeras interrogantes que me planteé, dadas las inquietudes que como mamá primeriza tuve que enfrentar y la pequeña investigación que realicé para obtener respuestas.

En este segundo capítulo, quise retomar las otras dos preguntas que seguían en mi lista y quedaron sin contestar en esta primera parte: ¿Cómo voy a proveerle a mi hija las herramientas que necesitará durante su vida? ¿Qué herramientas tengo para iniciarme en este nuevo camino de la maternidad?

En la búsqueda de respuestas a estas interrogantes, inicié mi Certificación como Coach Integral de Vida… Entonces me pregunté, ¿qué es el Coaching?

II.1. ¿Qué es el coaching?

El hombre es un ser sociable por naturaleza, es decir, que esa necesidad de estar acompañado es algo innato en cada uno de nosotros. De hecho, desde nuestra gestación estamos en compañía de nuestra madre y luego directamente en su regazo.

Por ello, resulta natural para nosotros como seres humanos, criarnos y aprender a desarrollarnos en sociedad. En esa búsqueda de pertenecer a un grupo social, de mantenernos acompañados unos con otros, de formar equipos para alcanzar metas comunes, de entrenar juntos para lograr un objetivo común, surge el Coaching.

Bajo esta perspectiva, podríamos entonces definir el Coaching como una metodología de acompañamiento entre un Coach y un Coachee (o cliente), a través de la cual, el primero provee herramientas a su Coachee para ir desde un punto "A", que es la realidad en la que se encuentra en ese preciso momento, a un punto "B", que es el alcance de su meta (realidad deseada)[3]. Todo este proceso se produce bajo la premisa de que las respuestas las tiene el Coachee dentro de sí, solo es preciso hacer las preguntas adecuadas para encontrarlas o al menos, tomar las acciones que nos permitan enfocarnos en obtener estas respuestas[4].

Sin embargo, para dar un enfoque más profundo sobre esta definición de Coaching, me permito citar las palabras de la autora Carmen Franco (2015) en su libro "*Alcanzando El Éxito, Recalculando El Camino*: *Coaching para la Gestión del Proceso de Cambio*", en el cual se plantea que:

"El Coaching es un proceso que se desarrolla a lo largo de un determinado período de tiempo y viene dado por el acompañamiento del coach como un rol importante dentro de la fase de transformación. El coach se focaliza en los resultados de su coachee compartiendo el acrecentamiento de su potencial durante su proceso de cambio. Este proceso se lleva a cabo bajo la formulación de preguntas poderosas que ayudan a las personas a encontrar sus puntos de atención y áreas de mejoramiento, así como de identificar sus valores, limitaciones, debilidades y fortalezas para dar paso al descubrimiento de nuevas creencias y cambios de hábitos, que originarán el planteamiento de objetivos y la ejecución de los mismos. Todo esto bajo la premisa de ayudar al coachee a aprender, tomar determinadas decisiones y generar el compromiso en el proceso de cambio y aprendizaje hasta conseguir resultados asombrosos".

Considero que esta descripción que hace Carmen Franco acerca del Coaching, nos brinda una excelente idea global sobre lo que encierra esta metodología. Sin embargo, hay un punto central

---

[3] Este concepto de Coaching fue compartido por mi mentora Patricia Guerrero durante el inicio de la Certificación de Coach Integral de Vida de la Academia de Coaching y Capacitación Americana (ACCA).

[4] Para aquellos padres o madres amantes de la historia y la filosofía, es lógico que la metodología del Coaching nos remonte rápidamente a la Antigua Grecia y a Sócrates con su mayéutica.

que toca el Coaching y que no queda claramente reflejado en el texto anterior. Por tal motivo, me permitiré completarlo con las palabras del muy reconocido libro *"Coaching con PNL"*, en el que se añade:

> "Cuando soñamos utilizamos la imaginación, saltamos de los confines de nuestra vida a un mundo más amplio, en el que todo es posible y en el que no estamos limitados a esas cartas que nos han sido repartidas. En ellos – los sueños – tenemos la libertad para tomar cualquier otra carta y cambiar la suerte de la partida." (O'Connor, y Lages, 2005).

En el Coaching, al igual que en los sueños, se le brinda al Coachee la posibilidad de cambiar. Con la connotación especial de que esa transformación viene fundamentada en la libertad que tiene el Coachee de definir sus metas, de encontrar sus propias respuestas a las preguntas poderosas del Coach, de comprometerse y ser el agente transformador de su vida.

Así lo afirma Leonardo Wolk (2003), muy sagazmente en su libro "Coaching. El Arte De Soplar Brasas": "Coachear (…) es colaborar para asumir el poder que está en nuestras manos. Eso es libertad, sin temor a ser uno mismo."

Sumado a esa libertad, hay un vínculo de confianza y confidencialidad que es parte también esencial del Coaching y que se crea durante ese proceso de acompañamiento y por ética del Coach, hay que respetarlo plenamente.

Personalmente, considero muy apropiado cuando Wolk se refiere a que su rol de Coach, "más que <<facilitador>>, es el de <<provocador>>". Porque a través de las herramientas que provee a su Coachee, lo desafía constantemente y lo incita al cambio, a confiar en sí mismo, a la búsqueda de soluciones y sobre todo, a la acción.

Y es que el Coaching, sin importar el planteamiento de las distintas escuelas que lo promuevan[5], conlleva a que la persona esté en constante movimiento tras sus metas, siendo ésta la finalidad principal del Coaching y de nosotros como Coaches: invitar a nuestro Coachee a actuar, desde la

---

[5] Para más información sobre los diferentes planteamientos de las distintas escuelas de Coaching, pueden remitirse al Capítulo I, Origen y Antecedentes del Coaching en el libro de Franco (2015).

libertad, el respeto y la confianza en sí mismo y en los demás.

Considero importante destacar que cuando hablamos de acciones, el aprendizaje es acción, pero también el lenguaje es equivalente a actuar.

Es a través de nuestro lenguaje que nos relacionamos con otras personas, que creamos posibilidades o nos abrimos nuevos caminos. Y aunque muchas veces no lo notamos, si las cosas no cambian o los resultados esperados no se obtienen, existe una buena posibilidad que nuestras conversaciones, nuestros diálogos internos y el lenguaje que conlleva cada una de ellas, no estén en sintonía con las metas que tenemos. Por ello, resulta muy conveniente valorar nuestro modo de expresarnos y asegurarnos que sea activo y cónsono con el objetivo deseado.

En relación a este último punto, me gustaría añadir que la importancia del lenguaje empleado a diario se debe a que, es a través de nuestras palabras o diálogos internos, que dejamos entrever lo que yace en nuestra mente subconsciente y/o las creencias limitantes o potenciadoras que hemos ido instaurando. Ellas, condicionan nuestras acciones y percepción de nuestro entorno. En ese mundo de redes sociales que nos conectan, rueda constantemente una frase que dice: "No vemos el mundo que es, vemos el mundo que somos". Y esto es uno de los grandes beneficios que obtendremos del Coaching: aprender a ser capaces de reconocer esas creencias, por ende, a conocernos mejor y al mismo tiempo, tener la posibilidad de decidir cambiarlas o sencillamente, continuar en nuestra convivencia con ellas.

En atención a lo antes expuesto, ¿sería correcto afirmar que todos podemos ser considerados un Coach en algún momento de nuestras vidas? Ciertamente, el Coach es un acompañante, sin embargo, como ya comprobamos, no es un acompañante cualquiera.

El Coach está lleno de preguntas, y el Coachee de respuestas. El Coach nos provee herramientas, más que decirnos cuál es la estrategia a seguir. Es así como el Coach nos invita a encontrar la respuesta dentro de nosotros mismos o a ser definidores del camino que queremos recorrer para alcanzar nuestra meta. Por ello, decíamos al principio que el Coach es un acompañante con características especiales que lo apartan del resto.

Ahora bien, evaluando nuestra vida bajo esta perspectiva, podríamos afirmar que cuando decidimos convertirnos en padres, esta decisión nos conduce simultáneamente a convertirnos también en Coach. Y… ¿por qué? Se preguntarán algunos. ¿No dijimos que el Coach es un acompañante con características especiales? ¿Y que de una u otra forma dichas características le permiten al Coach apartarse del resto?

Siendo así, los invito a preguntarles a sus hijos si no creen que ustedes tienen esas características especiales que los separan del resto ¿Para qué niño su madre no es la mejor del mundo? ¿Para qué niño su padre no es su superhéroe favorito de todos los tiempos? Las universidades se abarrotan de estudios, así como las redes sociales de videos que reiteran una y otra vez la preferencia de los niños por sus madres o padres ante cualquier otro personaje.

Cuando nos convertimos en padres, desempeñamos un rol único en el que somos acompañantes "designados", con ciertas características especiales que nos apartan del resto y una responsabilidad enorme frente a ese bebé o pequeño Coachee.

II.2. ¿Qué herramientas provee el Coaching a los padres?

En medio de mi certificación como Coach Integral de Vida, di respuesta entonces al cómo iba a proveerle herramientas a mi hija para su desarrollo, durante el camino que ella decida transitar, acompañándola siendo Mamá y Coach a la vez. Sin embargo, quedaba aún una interrogante por contestar: ¿Qué herramientas tengo para iniciarme en este nuevo camino?

Procedí de esta forma a sentarme y evaluar cuáles herramientas podría comenzar a enseñarle a mi bebé de menos de 1 año[6], ya que como dice Goleman en su libro *Inteligencia Emocional*: "la experiencia, sobre todo en la infancia, esculpe el cerebro".

Dentro del mar de herramientas y técnicas que presenta el Coaching, decidí comenzar comentándoles acerca de aquellas que considero más relevantes y prácticas cuando hablamos de esta metodología de acompañamiento.

---

[6] Esa era la edad de Alana al momento que escribía este libro.

II.2.1. Cambio de paradigma: SER – HACER – TENER

En este sentido, lo primero que vino a mi mente fue: cambio de paradigma para la construcción y alcance de metas. Actualmente, nos criamos bajo un modelo en el que necesitamos hacer, por ejemplo, estudiar una carrera, para tener, continuando con el ejemplo, un título universitario, y de esta forma ser, un profesional y como es común escuchar, "llegar a ser alguien en la vida".

A través del Coaching, aprendemos a invertir este paradigma, comprendiendo que si partimos del ser, o del hecho de que somos aquello que anhelamos, entonces solo tenemos que hacer para poder tener. Recordemos que el Coaching es un llamado a la acción y ese accionar es el eslabón entre lo que somos y lo que obtendremos al final del camino. Para un mejor entendimiento de lo anterior, recurriré a la Coach Dilcia Ruan (2016), quien en su libro "*Conexión Padres e Hijos*", resume un ejemplo claro sobre este tema:

Ser		Hacer	Tener: la calificación, certificación, título, etc.
	Organizado	Planificar las clases que debo estudiar	
		Diseñar horario	
	Constante	Hacer todos los días al menos una hora	
	Responsable	Cumplir lo planificado (tareas y horarios)	
		Eliminar los cambios de planes y aceptar invitaciones que me desenfoquen, hasta que lo logre	

Cuadro N°. 2. Ejemplo de Nuevo Paradigma SER - HACER – TENER Fuente: Ruan (2016).

Evidentemente, mi hija de menos de un año aún no va a la guardería, mucho menos a la escuela como para llevar a cabo las actividades descritas en el cuadro anterior. Sin embargo, para ponerles un ejemplo claro sobre cómo aplicar esta herramienta, cuando mi hija comenzó a gatear, comencé a hacer mis mejores esfuerzos para enfocar mi lenguaje en expresarle que ella era una "gateadora profesional" y solo necesitaba mucha práctica. Comprendo que, eventualmente, Alana aprendería a gatear aún si yo no hubiese utilizado estas afirmaciones. No obstante, como el Coaching llama a la acción, comencé tomando acciones pequeñas que me permitieran practicar y acostumbrarme a hablar desde el ser, pues mi meta es enseñarle a mi hija a través de mi propio ejemplo.

Otra forma sencilla para aplicar esta herramienta, que desde mi punto de vista resulta fundamental y es de mucho peso (por algo hablamos de cambio de paradigma), fue cuando un día en que recibíamos una visita, Alana no quería saludar a las personas que acababan de llegar a nuestra casa. Sencillamente, se negaba a esto. Mi primera reacción fue decirle: "Alana, no seas antipática, saluda por favor". Alana parecía no escucharme, entonces insistí: "Alana, hija, no seas odiosa". Después de pronunciar estas palabras, tuve un Aha Moment o como me gusta llamarlo en mi mente, un momento Eureka. Como mamá, la única información que le había transmitido a Alana era lo que no quería que fuese. Pero… y entonces ¿qué debía ser? Inmediatamente, cambié el enfoque que le estaba dando y le dije: "Alana, hija, tú ERES una niña muy simpática. Saluda por favor." Causalmente, mi hija saludó a la persona que tenía en frente. No voy a mentirles y decirles que saludó a todos al mismo tiempo, pero en ese instante dijo "hola" a uno de los invitados.

Como podrán apreciar, el cambio de paradigma también estaba ocurriendo en mí, ya que yo misma comencé a implementar estos métodos en las pequeñas cosas, de modo tal que cuando los retos sean más grandes, esta sea nuestra forma natural de actuar y comunicarnos: *ser-hacer-tener*.

II.2.2. Impecabilidad de las palabras.

Como bien indiqué antes, soy una mamá que disfruta predicar con el ejemplo, y por ello, hubo otra herramienta fundamental que siguió a este cambio de paradigma: La impecabilidad de las palabras.

Esta herramienta pertenece al libro de "*Los Cuatro Acuerdos*". Según el autor, es el primer acuerdo, el más importante y difícil de llevar a cabo. Esto por una sencilla razón, no solamente debemos ser íntegros con nuestro lenguaje al dirigirnos a los demás, también es fundamental, ser impecables cuando mantenemos nuestros diálogos internos.

"La palabra tiene poder, autoridad, fuerza para transformar. Impecabilidad significa sin pecado, es decir, que la invitación es hablar sin pecado, un pecado es cualquier cosa que daña, significa que cuando me juzgo voy contra mí, me hago daño, cuando juzgo a otros voy contra aquello que juzgo, en ese sentido, el ser impecable, es asumir la responsabilidad de lo que hacemos, sin juzgarnos ni culparnos." (Ruan, 2016)

Es por ello que, si logramos hablarnos a nosotros mismos de forma impecable, no les quepa la menor duda que con nuestros hijos será mucho más sencillo aplicarlo, así como lo será para ellos imitarlo y grabar esta forma de hablar en su subconsciente.

Conviene que prestemos especial atención en mantener este diálogo limpio y amigable, con nosotros y nuestros pequeños Coachees, aun cuando nos invada la ira o sintamos alguna molestia, evitando así caer en el "Secuestro de la Amígdala". Según explica Goleman (2012) en su libro *Inteligencia Emocional*, es en la amígdala (situada en la parte interna del lóbulo temporal medial de nuestro cerebro) donde se almacena la parte emocional de nuestra memoria. Por esta razón, cuando el autor habla del "Secuestro de la Amígdala" quiere decir que nuestra mente emocional se apoderó de nuestra reacción, dejando de lado totalmente a nuestra mente racional, actuamos bajo instinto, de forma irracional y reactiva y luego al evaluar nuestra reacción, entonces nos damos cuenta que nuestro comportamiento no ha sido el más apropiado.

Ciertamente, somos seres humanos y como tales, vamos a flaquear. Habrá instantes que nos dejaremos llevar por nuestras pasiones, expresándonos en tonos agresivos o llenos de juicios y culpas. La invitación es que cuando vuelva la calma, retomemos nuestro acuerdo de impecabilidad de las palabras y seamos capaces de pedir disculpas a nuestros hijos y a nosotros mismos por el mal rato.

Esto me ocurrió muchas veces durante el embarazo de Alana. Es decir, en varias ocasiones me puse a llorar desconsoladamente y, aunque mi lenguaje no era agresivo, mi diálogo interno estaba basado en el miedo, digamos que estaba lejos de ser impecable, porque recordaba lo que me había pasado con mi primer embarazo, en el que tuve el parto prematuro de las gemelas. Una vez que me calmaba, le hablaba a mi barriga de embarazada y le pedía disculpas a Alana explicándole que Mamá estaba muy nerviosa por lo que había sucedido con sus hermanitas, pero que a pesar de haberme puesto así yo estaba muy contenta de que ella ya venía en camino y que pronto la podríamos abrazar.

Muy personalmente, considero que con pequeñas acciones como estas pueden generarse grandes cambios. Muchas veces dejamos de tomar acción porque sentimos que variaciones tan pequeñas en nuestro presente no tendrán ningún impacto, sin embargo, les reafirmo nuevamente, me gusta implementar estos métodos en las pequeñas cosas, de modo tal que cuando los retos sean más grandes, esta sea nuestra forma natural de actuar y comunicarnos y puedan continuar alcanzándose las metas deseadas.

II.2.3. Autoestima y Autoconocimiento.

Asimismo, el cambiar la forma en que me dirijo a mí misma y le hablo a otros, afectará de forma positiva mi autoestima. Al ser capaz de aceptarme como soy, sin juicios ni culpas, desde una perspectiva de responsabilidad sobre mis palabras y acciones, me doy la oportunidad de conocerme más. Y mientras más me conozco, más fácil resulta confiar en mis fortalezas y estar consciente de mis debilidades al momento de actuar.

El transmitir a nuestros hijos una autoestima sana o elevada es un asunto difícil en palabras, en especial si se trata de un pequeño entre 0 y 6 años. Esta tarea puede simplificarse si somos nosotros mismos el ejemplo sobre lo que significa tenernos en alta estima. Recordemos que durante esta etapa, nuestros pequeños Coachees están operando desde el subconsciente y todo esto está siendo grabado por sus cerebros como herramientas de vida.

Una mayor aceptación de quien soy, también abre la puerta a un mayor autoconocimiento. El conocerme mejor y aceptarme como soy me permite reconocer mis emociones o **autoconocerme** más.

"Pregúntele a su hijo cada vez que sea necesario: "¿cómo te sentiste?" porque en el reconocimiento sobre lo que está sintiendo, cuál es la emoción que está presente ante cualquier experiencia del día, es la clave para el autoconocimiento, la confianza en sí mismo y la autoestima. Es como que si se estuviese entrenando el músculo de mirar el ser en nuestro interior". (Ruan, 2016)

La idea es comenzar desde que haya un bebé en casa, porque como bien dijimos unas páginas atrás, de este modo lo haremos un hábito en nuestro núcleo familiar y habremos incorporado una herramienta muy valiosa a nuestra rutina.

Ya cuando el niño está más grande y en capacidad de expresar la emoción, será más fácil identificarla y expresarla en una conversación, "todo esto de ser posible mirándolo a los ojos, tomándose el tiempo para escucharlo cuando responda; en la medida que él o ella vea que tiene su atención, sentirá que lo está diciendo tiene valor, porque los hijos piensan que si es importante para sus padres, entonces es importante y esa es una verdad muy poderosa para la construcción de la confianza y el autoconocimiento". (Ruan, 2016)

Otra herramienta que me ha ayudado a conocerme mejor como Mamá ante situaciones que me generan dudas sobre cómo actuar o reaccionar emocionalmente es plantearme lo siguiente: Si Alana estuviese ya más grande, ¿cómo me gustaría que recordáramos este momento? Empatizar con lo que mi hija sentiría o pensaría abre una perspectiva totalmente distinta del asunto. Y esto a su vez, no solo lo aplico con Alana, ya se ha hecho extensivo a otras áreas de mi vida, incluso la profesional.

II.2.4. Las Metas.

En este mismo orden de ideas, mientras más me conozco, puedo saber mejor qué es lo que quiero, qué es aquello que estoy buscando. Y al saberlo puedo fijar metas.

En relación a las metas, personalmente, considero que es necesario partir de tres premisas significativas:

- ✓ Las metas son esos objetivos que nos planteamos y se identifican con nuestros valores de vida. Es decir, aquellos valores que consideramos esenciales en nuestras vidas, deben estar en concordancia con las metas trazadas. De esta forma, nos sentiremos más motivados a alcanzarlas, a pesar de las dificultades que pudiésemos conseguir en el camino.
- ✓ Cuando me trazo una meta, mi perspectiva de lo que en un principio representó un problema, cambia. Al proponerme un objetivo estoy transformando mi visión de dicho problema en un desafío, en ese algo que me reta y me invita a tomar acción, porque soy capaz de ver las alternativas a mi alrededor.
- ✓ Al poner en marcha mi plan de acción para ir tras la meta deseada, resultará más beneficioso para nosotros y nuestros pequeños Coachees, aprender a disfrutar tanto de la trayectoria que vamos a recorrer, como del momento en que alcancemos el objetivo, porque la felicidad está compuesta de la suma de esos pequeños momentos que valoramos y disfrutamos en el camino para lograr nuestra meta.

Una vez aclarado estos puntos, también resulta importante que aprendamos a delimitar las metas llevándolas de lo abstracto (cuando las pensamos por primera vez) a lo más específico. Incluso, aquellos objetivos sencillos que puede tener un niño, con la finalidad de evitar caer en promesas que no podamos cumplir y generar frustración tanto en nosotros como en nuestros hijos.

Para ayudarnos en esta tarea, existe la metodología SMART (por su acrónimo en inglés), la cual plantea las siguientes interrogantes para modelar con exactitud nuestra meta:

¡Tengo una Meta!

Metodología SMART

El objetivo tiene que ser específico.
*¿Qué es exactamente lo que quieres y para qué lo quieres?
*¿Qué exactamente verás, oirás o sentirás cuando lo alcances?
*¿Qué beneficios obtendrás si lo consigues?

Decide como obtendrás la prueba y el feedback del logro de tu objetivo (medible)
*¿Cómo sabrás que has logrado tu objetivo?
*¿Cómo sabrás que estás en el buen camino hacia el objetivo?
*¿Con qué frecuencia comprobarás que estás en el buen camino?

El objetivo tiene que ser alcanzable.
* ¿Tengo las habilidades necesarias para alcarzar esta meta?
Si no las tengo, ¿podría desarrollarlas?

El objetivo tiene que ser Realista.
* ¿Este objetivo está alineado con mi visión del mundo?
*¿Es fiel a mis valores y principios?

Define el plazo concreto que tardarás en conseguir el objetivo (tiempo determinado)
*¿Cuándo quieres logras el objetivo?
*¿Cuánto tiempo necesitarás para lograrlo?

Ilustración N° 3 Objetivos y planes según la metodología SMART.
Fuente: Material proporcionado por la Coach/Mentor Írisz Császár.

De este modo, al desglosar la meta y saber exactamente lo que queremos, seremos capaces de trazarnos un plan de acción relacionado con el objetivo a alcanzar.

Particularmente, prestarle atención a la realidad que motiva a nuestros hijos o a nosotros mismos a llevar a cabo una meta es un punto fundamental, reconocer si la meta planteada está acorde con nuestros valores de vida, con aquello que es vital para nosotros como personas, padres o madres, mujeres u hombres, estar claros que ese objetivo cumple cabalmente con esos principios que no son negociables para nosotros, es determinante en la motivación que tendremos para cumplir con dicha meta.

Por ejemplo, cocinar para mí resultaba una pesadilla relacionada con las creencias que desarrollé durante mi crianza. Es decir, recuerdo claramente como mi mamá no cocinaba basándose en la creencia de que ella no había nacido para servir como esclava a ningún hombre… Por si acaso les queda duda, mis padres se divorciaron cuando tenía 3 años. Prosiguiendo con el ejemplo, esta fue la información que recibí, al menos en el área de la cocina. Por tanto, yo no aprendí a cocinar y prácticamente, quemaba hasta el agua hirviendo.

Muchos de mis amigos solían bromear diciendo que me casé, a pesar de mi falta de cualidades culinarias. Sin embargo, mi esposo tuvo que aprender a convivir con esta creencia, muy a su pesar les cuento, porque mi suegra es una mujer que cocina de maravilla. Para hacerles la historia corta, solo fue hasta que nació mi hija Alana, que pude hacer las paces con la cocina. Actualmente, no soy ninguna chef (¡ja! ya quisiera mi esposo), no obstante, he perdido la resistencia que le tenía a la cocina y puedo hacerlo, ya que para mí, la salud de mi hija es un principio no negociable en mi vida y, al vivir en Estados Unidos, la comida rápida es muy económica pero no resulta muy sana para los niños. Entonces, a veces, se trata de darle la vuelta a la meta para que coincida con lo que es verdaderamente importante y motivador para nosotros: en este caso, la salud y bienestar de mi hija.

II.2.5. Preguntas Poderosas.

Otra de las herramientas importantes que se desprende de la gráfica y que son parte del Coaching, son las preguntas. Como bien manifestamos previamente, un Coach está lleno de preguntas.

Sin embargo, al hablar de estas interrogantes, nos referimos a preguntas poderosas, que nos provoquen, nos motiven, nos reten y nos lleven a buscar las respuestas dentro de nosotros, incluso, en nuestro subconsciente. Mayormente, una pregunta poderosa tiene la siguiente composición:

QUÉ... TU... VERBO... FUTURO EN POSITIVO

Estas interrogantes se caracterizan por iniciar con "qué", motivar a la acción (verbo) y fijarse más en las metas que en los problemas. Están orientadas hacia el futuro o alcance del objetivo, en vez de ubicarse en el pasado junto al problema. Se apoyan en supuestos eficaces que ayudan y motivan al Coachee (futuro en positivo). Por ejemplo:

¿QUÉ ACTIVIDADES HACES CON REGULARIDAD QUE TE AYUDAN A LOGRAR TUS OBJETIVOS?

Idealmente, lo que intento transmitir a todos los padres lectores al invitarlos a utilizar preguntas poderosas es que confiemos más en nuestros propios instintos así como en los instintos de nuestros hijos. Y, adicionalmente, que podamos tomarnos el tiempo para escuchar las respuestas de Nuestros Pequeños Coachees, en vez de asumir como regla general que ya sabemos lo que quieren alcanzar (meta) o, como hemos escuchado decir muchas veces, que por ser sus padres sabemos lo que más les conviene. No niego que lo sepamos, no obstante, creo que podemos ganar mucho más cuando nos tomamos el tiempo para escuchar lo que nuestros hijos tienen que decir. De esta forma estamos reforzando en su subconsciente dos cosas vitales: 1) Que podemos encontrar las respuestas dentro de nosotros y eso está bien, y 2) Que lo que ellos tienen que decir es importante y tiene validez.

Tu eres el chef de tu propia vida, el que decide qué hacer, o qué le gusta más, qué sazón prefiere, muy a pesar de lo que dice el libro de cocina, la receta o el sous chef o quien sea tu acompañante en ese momento. Y, desde mi punto de vista muy personal, esto es importante reforzarlo tanto en nosotros mismos como en la mente de nuestros hijos.

"Porque educar es mucho más que enseñar a los hijos a comer bien, a tener hábitos saludables, a compartir con los demás, etc. Consiste, también, en transmitir sueños, valores, ilusiones y una forma personal, honesta y profunda de entender la vida." (Urpí, 2014).

No obstante, para ser capaces de transmitir esos sueños y valores, precisamos estar presentes en la vida de nuestros hijos, pues educar es una tarea compleja. "Es necesario conocer a los hijos. Y eso lleva tiempo. Tiempo para estar con ellos, para jugar con ellos, para acompañarles en su sufrimiento… Y, precisamente, tiempo es ese factor escaso para todos hoy en día." (Urpí, 2014).

Además de compartir mi experiencia como mamá y la ruta que me ha llevado a recorrer el camino de la maternidad, quise escribir este libro para buscar recuperar esos espacios que, antes que el factor tiempo escaseara, pudimos compartir con nuestros propios padres. En mi caso muy particular, me encantaba leer antes de quedarme dormida en brazos de mi mamá. Eran cuentos infantiles tradicionales.

Pero entonces me pregunté, ¿qué sucedería si pudiese emplear esas historias para brindar herramientas de Coaching a padres e hijos? De este modo, no solo se estimularía el compartir entre mamá y/o papá y el bebé o niño, sino que también resultaría una oportunidad para pasar tiempo de calidad juntos, proveyéndole a nuestro pequeño Coachee, herramientas que quedarán almacenadas en su subconsciente.

Como ya vimos a lo largo del Capítulo I, la presencia de los padres y el pasar tiempo de calidad con ellos, resulta vital en los años de infancia, ya que el niño está absorbiendo todo aquella información emocional, sensorial y vivencial que pasa a su alrededor. Mientras más experiencias reciba desde el amor y los buenos tratos, mejor será el desarrollo emocional y humano del niño, pues esa pequeña amígdala, donde se almacena la parte emocional de nuestra memoria, aprende su repertorio, en su mayor parte, durante la infancia.

"Del mismo modo que los atletas y los artistas tienen la obligación de cultivar su talento, los padres tienen la obligación de cultivar a sus hijos, de ayudarles a descubrir y desarrollar su talento y sus dones. Tal y como subraya May, <<los padres dan a sus hijos dos tipos de amor: amor aceptador y amor transformador. El amor aceptador afirma el ser del hijo, mientras que el amor transformador busca el bienestar, y cada uno corrige los excesos del otro>>". (Urpí, 2014).

En aras de evitar que mi mensaje sea tergiversado o interpretado erróneamente, lo que quiero es hacer notar que es sano tomarnos tiempo para conocer a nuestros hijos desde que son bebés. Esto tiene un significado distinto a ceder o complacer cada petición de nuestros hijos.

En mi caso particular, puedo decirles que mi hija le encanta estar en el jardín. Entonces, cuando veo que ella está muy inquieta y que no encuentra consuelo en nada dentro de la casa, la tomo en mis brazos y la llevo afuera y la calma suele ser inmediata. Mi objetivo es seguir observándola, y de continuar así, cuando esté más grande, buscar compartir con ella actividades que sean al aire libre.

Lo otro que he notado que disfruta mucho es bailar. Siendo así, ya he memorizado un par de canciones, que incluso cantadas por mí[7], la tranquilizan y promueven su bienestar emocional.

Antes de cerrar este capítulo, me gustaría mencionar que en la búsqueda de bibliografía para este libro, me topé con otro llamado *"Padres & Coaches"*. Su propuesta me resultó interesante, ya que contrario a lo que indica el título, es la historia de 3 hermanas entre los 12 y 16 años, quienes fueron criadas por unos Padres-Coaches y son las autoras del mencionado libro a su corta edad. También dictan charlas sobre emprendimiento en su país.

Ellas allí relatan un poco su experiencia y el cómo, desde su punto de vista, hoy en día no resulta suficiente que los padres asuman su rol de "padres" solamente, sino que también sean esos facilitadores, o provocadores si se quiere ("Coaches"), en la vida de sus hijos. Encontrar el punto de equilibrio de esa mezcla, considero es el nuevo reto para las mamás y los papás de este nuevo milenio.

---

[7] Debo hacer esta aclaratoria: yo canto bien, pero a veces se escucha medio mal ¡ja!.

Hoy, _____ Yo _____
         fecha   Nombre

Me comprometo con el inicio de una nueva etapa como
Mujer/Mamá/Persona u Hombre/Papá/Persona
y tomo la decisión de estar presente al 100%en la vida de mi(s) hijo(s).

Soy un(a) gran Mamá Coach u Papá Coach Comprometid@ con
ser una mejor version de mí mismo(a) para ser capaz de
predicar y educar a través de mi propio ejemplo.

La Tierra Mágica de
Abinun

De 0 a 3 años

Esta tierra de **Abinun**,
es un lugar poco común.
Está llena de dragones…
Entre ellos los gemelos

Anala & Nadiv

Sonrientes, activos, aventureros y curiosos. Con muchas ganas de aprender y también son **cariñosos**.

Eso y más... es lo que les dicen sus **papás**.

Todos agradecen estar juntos en
familia. ¡Agradecer es divertido!
Pues hace ver todo, mucho
más **colorido**.

Mamá nos cuida un día...

¡Y todos jugamos con **alegría**! Corremos, nos escondemos y luego todos comemos...

Papá nos cuida el día después y todos jugamos al un, dos, tres...
Y luego de tanto jugar, ¡nos metemos a bañar!

En casa, **todos** colaboramos.

Conquistamos **desafíos** y
entre todos nos animamos...

Y al final del día, acurrucados en la cama, mamá y papá nos dicen cuanto nos **aman**.

Están muy **felices** de que hayamos llegado a sus vidas, ¡pues las hacemos mucho más divertidas!

Cuando en **Abinun**,
vuelva a amanecer, a los
gemelos podrás volver a ver.
Y tal vez te preguntes...

¿Qué clase de **día**
quieres tener?

Las Palabras Mágicas de
Mamá

De 3 a 6 años

Nota a los Padres & Coaches: Este cuento fue revisado por una psicóloga infantil y una coach del área familiar. Ambas me dieron como sugerencia que cambiara algunas palabras que podrían resultar muy abstractas para un niño de esta edad. Sin embargo, el objetivo central de estos cuentos es promover la conexión entre padres e hijos. De modo tal que si las preguntas surgen y se produce una conversación espontánea entre Uds. y sus hijos, con risas y mímicas de por medio, me doy por bien recibida. En aras de lo anterior, no cambié ni un chin de la historia original.

¿Recuerdan a Abinun? ¿El pequeño mundo compuesto por planetas y habitado por dragones? ¿El hogar de Nadiv y Anala, los gemelos dragones?

Como ya sabemos, en el pequeño planeta Aquamarina viven Anala y Nadiv con sus padres. Al ser dos dragoncitos que llegaron al mismo tiempo, Mamá y Papá, decidieron crear un equipo de trabajo entre ellos y organizarse para poder cuidar de los nuevos bebés y, a la vez, seguir con su trabajo en la gran fábrica de cuentos de Abinun.

En este mundo, las cosas son un poco diferentes al nuestro. En Abinun, cada planeta es un hogar y tiene su propio riachuelo, muchos árboles con hojas en formas de estrella y otros animalitos multi-color.

Los dragones no expulsan fuego por sus bocas, a menos que estén muy rabiosos y enojados en extremo. En este mundo, durante su día a día, estas criaturas expiden un polvo mágico, un tanto escarchado, que les ayuda en sus labores, de acuerdo a la función que desempeñan.

Lo primero que aprenden nuestros amigos los dragones cuando son pequeños como nosotros es a quererse y aceptarse como son para que así cuando sean dragones grandes y adultos sepan cómo manejar ese sentir de enojo, rabia, molestia o tristeza, antes de llegar al punto de escupir fuego. Y también para saber desenvolverse aun si llegaran al punto de expulsar el fuego de sus bocas, porque es preciso saber qué hacer después.

Por esta razón, los padres abinunenses han creado una especie de ejercicio matutino para sus hijos (que incluso, es practicado también por ellos mismos, aunque ya no sean unos niños). Este ejercicio busca promover que los dragoncitos crezcan con un autoestima alta, se sientan cómodos consigo mismos y aplicando el SER-HACER-TENER. Pero, ¿qué significa eso? Ahora te lo vamos a explicar…

HERRAMIENTA #1: SER-HACER-TENER

Anala y Nadiv se levantan cada mañana junto a sus padres. Se sonríen, se dan los buenos días y pegan sus narices, moviéndolas de un lado a otro. En Abinun, este es el beso del dragón.

Luego de esto, Papá y Mamá, toman en sus brazos a Nadiv y a Anala y salen al riachuelo de su pequeño planeta Aquamarina. Beben un poco de agua, se enjuagan sus caritas e inician el ejercicio:

— Anala, ayer comenzó tu hermano, Nadiv, ¿quisieras hoy comenzar tú? —exclamó mamá muy emocionada.

— Sí, mamá, yo comienzo —respondió Anala—.

Entonces, mamá le dijo:

— De acuerdo, hija. Ven conmigo.

Y ambas se arrodillaron frente al riachuelo y cuando el agua se calmó y podían ver su reflejo, mamá comenzó a decir:

— Soy una niña fantástica, inteligente y emprendedora. Y Anala, viendo su reflejo en el espejo y mirando el amor que brotaba de los ojos de su madre, repetía estas frases. Mamá prosiguió:

— Soy feliz y cada día me esmero en ser una mejor versión de mí misma. Y Anala, repetía con gran emoción palabra por palabra las frases positivas que mamá decía en voz alta.

De igual modo, vino el turno de Nadiv y entonces Papá también quiso participar.

— Soy un dragoncito amable, honesto y feliz. Soy respetuoso y alegre. —Dijo Papá, quien se encontraba junto a Nadiv viendo sus reflejos en el agua del riachuelo.

Y, al igual que en el caso anterior con Anala, Nadiv repitió las palabras de su Papá.

Los mensajes de ambos padres variaban de acuerdo a los días. Si el día amanecía un poco rosado y el sol sonriente, seguramente se tomarían más tiempo para este ejercicio. Si el sol salía no tan contento ese día, y con tonos de azul y verde, entonces el ejercicio se haría más corto. Lo importante es que los pequeños dragones partían del hecho de que ya eran felices, amables, honestos, entre tantas otras cosas que repetían y al "SER" de ese modo, resultaba más fácil para Mamá y Papá explicarles que era preciso actuar como tal.

HERRAMIENTA #2: IMPECABILIDAD DE LAS PALABRAS

Luego de este ejercicio la familia entera entraba a la casa para desayunar juntos. Ya en el medio de la comida y en el apuro interno que comenzaba a generarse dentro de Papá y Mamá para continuar con los quehaceres del día, Anala y Nadiv, ajenos a ese reloj interno que tenemos los padres jugueteaban con la comida entre ellos mismos, generando un retraso mayor para terminar de comer. Mamá les dijo en un par de ocasiones:

— Anala, Nadiv, por favor terminen su desayuno que tenemos cosas que hacer. —Sin embargo, esto no hizo ninguna diferencia en los dragoncitos que continuaban sin hacer caso a las palabras de Mamá.

Después de varias insistencias, de despedir a Papá, quien ese día debía ir a la fábrica de cuentos de Abinun a trabajar, y de recoger un poco la mesa a su alrededor, uno de los platos de los gemelos cayó al piso y derramó la mock (este es un plato parecido a la avena que comen en Abinun).

Mamá, muy molesta, miró a los gemelos y botó una llamarada de su boca. Tanto Anala como Nadiv se quedaron en sus sillas un tanto asustados y con sus ojos fijos en su madre. Mamá aún molesta, decidió no decir nada, recoger la mock y llevar a los gemelos al cuarto de juego.

Ya en el cuarto de juego, más tranquila, dándose un momento para compartir con sus niños vio que ambos comenzaron a pelear por sus juguetes y pensó que ese comportamiento es algo "normal" entre hermanos. Al rato, una llamarada salió de la boca de Anala y, en respuesta, otra llamarada vino de la boca de Nadiv. Entonces Mama exclamó:

— Pero ¿qué hacen? ¿Qué hemos hablado de tratarnos con respeto? ¿De usar las palabras para comunicarnos y expresar nuestros sentimientos, sin explotar a la primera? —A lo que ambos respondieron al mismo tiempo:

—¡Es que él/ella hizo un desastre igual que en la cocina, Mamá! —y Nadiv añadió: —Así que hice lo mismo que tú para que Anala entienda que no está bien quitarme el juguete.

Mamá se quedó sorprendida y, al mismo tiempo, reflexionando, se arrodilló a nivel de sus pequeños dragones y mirándolos a los ojos les dijo:

— Hijos, la forma en que yo reaccioné en la cocina lanzando fuego por la boca, no estuvo bien. Me dejé llevar por el impulso, porque me sentí cargada por un instante entre tantas cosas que estaban en mi cabeza. Además, ya les había pedido varias veces que terminaran de comer y ninguno los dos me prestaba atención. Les pido disculpas, en especial si se sintieron mal después de mi explosión. Soy una dragona y, a veces, me ganan mis instintos. Les prometo hacer un esfuerzo para no explotar así de nuevo, si los dos me prometen que harán otro y, cuando peleen, tratarán de entenderse mejor, usando sus palabras y no el fuego. Recuerden que son hermanos.

Los dragoncitos accedieron. Entonces, Papá que había regresado para buscar su billetera y que vio todo el episodio desde una esquina, intervino diciendo:

— Su madre tiene razón. Se me ocurre una idea, seamos impecables con nuestras palabras. Para asegurarnos podemos crear un método, cada vez que alguno de nosotros eche fuego por la boca, automáticamente tendrá que colocar una moneda en este frasco. Al final de la semana, decidiremos, de acuerdo a la cantidad de dinero que haya en el frasco, qué hacer con él. —Entonces Anala preguntó:

— ¿Y si no tenemos dinero para poner en el frasco? —a lo que Papá respondió:

Escribiremos en un papel 3 cosas buenas que contrarresten ese fuego que ha salido de nuestras bocas. ¿Están de acuerdo?

— Sí. —respondieron todos juntos.

— ¡Que buena idea, Papá! —añadió Mamá.

HERRAMIENTA #3: AUTOESTIMA Y AUTOCONOCIMIENTO

Ahora sí, Papá se despidió de la familia y salió a la fábrica. Mamá se quedó con los gemelos. En medio de la rutina del día, Mamá tomaba intervalos entre 10 y 15 minutos en los cuales dedicaba toda su atención a los niños.

En esos momentos que compartían juntos, Mamá aprovechaba para abrazarlos, besarlos y expresarles lo feliz que se sentía de que estuviesen allí. En uno de esos ratos, entre los quehaceres de la casa y los juegos, decidieron salir de casa a jugar en el jardín del planeta.

Mientras jugaban los tres, Mamá, Nadiv y Anala, algo maravilloso sucedió. Nadiv se dio cuenta que podía volar por instantes cortos de tiempo, ya que sus alas aún no estaban completamente desarrolladas. No obstante, eran lo suficientemente fuertes para permitirle despegarse del piso.

Cuando Anala intentó hacer lo mismo, no lo logró. Entonces el llanto no se hizo esperar. Mamá lentamente se acercó a Anala, la abrazó y la dejó llorar por unos minutos. Cuando ya estuvo más calmada, mirándola a los ojos, le preguntó:

— Hija linda, ¿qué sentiste que te hizo llorar así? —la respuesta de Anala no se hizo esperar y entre lágrimas respondió:

— Mami es que no puedo volar como mi hermano, ¿por qué él puede y yo no?

— ¿Ósea que te sientes un poco frustrada o rabiosa, tal vez? —replicó Mamá.

— ¿Qué es "frustrada", Mamá? —Añadió Nadiv.

— Frustrada quiere decir que se siente como un nudo en el cuerpo, porque en este momento no logró lo que quería. Pero lo vas a poder lograr hija, estoy segura. Tal vez solo necesites un poco más de práctica.

— Yo no me siento "frustrada" —respondió Nadiv y Mamá soltó una sonrisa. Mirando a Anala, le dijo:

— Tengo una idea, niños. Trabajemos en un plan para ayudar a Anala a volar como tú, Nadiv, ¿se animan?

— Sí. —respondieron ambos al unísono.

Día 1

HERRAMIENTA #4: PREGUNTAS PODEROSAS

De este modo, Mamá dio inicio a una serie de preguntas para ayudar a los gemelos a identificar exactamente qué era lo que querían lograr.

— ¿Qué es exactamente lo que quieres lograr, Anala? —preguntó Mamá.

— Poder volar como mi hermano —respondió Anala

— Cierra tus ojos e imagina ¿Qué crees que sentirás cuando puedas volar? —preguntó nuevamente Mamá.

— Me sentiré una dragoncita feliz, como cuando hacemos nuestro ejercicio frente al riachuelo.

Mamá asintió con su cabeza, ya que se daba cuenta que era un objetivo que se relacionaba con la visión del mundo que ellos le transmitían a diario a sus hijos.

— De acuerdo, ya puedes abrir los ojos. Dime, ¿crees que tienes las habilidades necesarias para poder alcanzar tu meta?

— Si, Mamá. Si mi hermano las tiene y somos gemelos, yo también las tengo. Solo que tal vez debo practicar más.

— Excelente, Anala. Estoy de acuerdo contigo. —dijo Mamá

— También yo lo creo así, hermana. —dijo Nadiv.

— ¿Cuánto tiempo necesitarás para lograrlo? —preguntó Mamá

— Una semana. —dijo Anala muy contenta y sonriente.

— Una última pregunta. ¿Cómo sabrás que estás encaminada para lograr tu meta? —dijo Mamá con cara de preocupación.

— Pondremos una marca en la parte de arriba del árbol. Y cada día del entrenamiento saltaré y saltaré llegando cerca de la marca hasta que pueda saltar sobre ella. Solo volando podré saltar sobre ella. —dijo Anala.

Día 5

HERRAMIENTA #5: LAS METAS

Mamá le pidió a los gemelos entrar nuevamente a la casa. Una vez dentro, les dijo:

— Esta es una meta valiosa para Anala. Aunque también lo será para ti Nadiv porque tendrás la oportunidad de ayudar a tu hermana a mejorar. Además, siempre podemos seguir trazando otras metas. —Y luego Mamá añadió:

— Ahora que ya sabemos y vemos esta meta como algo valioso para nosotros, creo que es importante decirles que lo que en un principio representó un problema para Anala y la hizo sentir mal y frustrada, cambió y se transformó en un desafío. Y al ser algo que nos desafía, es más fácil encontrarle solución.

— Ya quiero comenzar a alcanzar mi meta, Mamá —replicó Anala muy emocionada.

— Yo también quiero ayudar, Mamá, vamos, vamos, ¡comencemos! —Añadió Nadiv.

— Claro que sí. Ya tenemos la meta clara y definida. Podemos comenzar hoy poniendo la marca en el árbol y practicando saltos por 15 minutos. Y en esta hoja podemos ir tomando anotaciones del progreso de Anala. —Dijo Mamá muy emocionada.

— Mami y… ¿qué pasará si no lo logro? ¿Si no puedo volar? — replicó Anala en un tono un poco triste y temeroso.

De inmediato, Mamá muy dulcemente le dijo:

— Hija, repite eso mismo que dijiste en un tono de bruja malvada. Algo así… —y usando un tono de bruja mala, Mamá replicó: <<Tengo miedo de no poder volar como mi hermano, muajajajajaja>>.

Meta
Alcanzada

47

Inmediatamente, ambos gemelos comenzaron a reír. De este modo, Mamá los había ayudado a restar valor a sus miedos, sin permitirles quedarse enfocados en esa sensación de temor que se produjo. Pero Nadiv, retomó el asunto:

— Pero ¿qué pasa si no lo logra Mamá? ¿Volverá a sentirse mal mi hermana?

— ¿Recuerdan cuando le pregunté a Anala cómo se sentiría cuando lograra volar? —preguntó Mamá.

— Sí. —respondieron ambos.

—Bueno cuando sientas miedo de nuevo, solo piensa otra vez en revivir esa emoción, ese sentimiento de felicidad que te produjo el imaginar que lograbas tu meta. Cierra los ojos y visualízate volando hija y verás que los miedos irán saliendo del camino. Así solo quedarán tus ganas de alcanzar tus metas– le dijo Mamá a los pequeños.

Luego de estas palabras, salieron a marcar el árbol y a practicar. Volvieron a entrar a la casa, tomaron notas de los resultados del día y continuaron con sus quehaceres y labores pendientes.

Papá volvió de la fábrica justo a tiempo para ver la puesta del sol y agradecer en familia el haber pasado otro día juntos y lleno de tantas bendiciones.

Los gemelos le contaron a Papá el plan que tenían para poner en práctica durante esos días. Era importante que él supiera, ya que al día siguiente, sería Papá quien se quedaría en casa, mientras Mamá iba a la fábrica de cuentos de Abinun a trabajar.

Así pues, luego de un largo día, los dragoncitos se acostaron en sus camas, listos para escuchar una historia más antes de dormir. Mamá y Papá se acurrucaron en la cama con ellos, preparados para relatar la mejor historias de sus vidas:

Érase una vez dos pequeños **dragones**...

REFLEXIONES

"La autoridad paterna se reafirma si tenemos presente
la coherencia entre lo que decimos y hacemos."

Montse Urpí

Hemos llegado al final de esta pequeña aventura investigativa que vino de la mano con mi maternidad. Por eso, me gustaría extenderles una invitación a que, con este conocimiento en mano, dejemos de subestimar a nuestros niños y nos convirtamos en esa mejor versión de nosotros mismos, como Padres y Coaches, abrazando ambos roles y asumiendo la responsabilidad de sembrar y transmitir esas experiencias sensoriales y emocionales, desde el amor y el respeto, que nuestros hijos asimilarán durante sus años de infancia y servirán de cimiento para su desarrollo.

Mi propósito durante la narrativa de este libro fue comunicarles que, para ser mejores padres, e incluso mejores personas, es preciso liberarse de las excusas y actuar. Y en ese accionar resulta muy importante comunicarnos de forma sencilla con nuestros niños: una forma efectiva, como ya vieron, es a través de historias y cuentos sencillos que contengan los ejemplos o estrategias que queremos transmitir. Se trata de simplificar las herramientas, las conversaciones, de estar presentes y dar calidad más que cantidad.

Ahora bien, tal vez algunos recordarán que quedaba una última pregunta a la cual dar respuesta: ¿Cómo podré saber que estoy siendo una buena madre? Pues en definitiva, no sé si en algún momento tendré la certeza absoluta de que lo estoy haciendo bien. Sin embargo, hay dos cosas que sí sé. Una de ellas, es que estoy comprometida con ser esa mejor versión de mí misma, que buscaré el equilibrio entre ser Mamá y Coach de mi hija y de los futuros hijos que puedan llegar. Y para eso, los cambios comienzan en mí, en mis propios paradigmas de vida, creencias, valores, fijación de metas, planes de acción y demás herramientas que pueda ir aprendiendo en el camino tan cambiante y prometedor que ha resultado el ser Mamá.

La otra, es asegurarme que, cuando decida volver la mirada al pasado, en vez de encontrar arrepentimiento o asuntos que "debía hacer" y no hice junto a mi bebé, más bien me descubra rodeada de unas ganas enormes de rememorar o revivir esos momentos que tuve con mi hija durante su infancia. Es decir, cerciorarme de que este camino que estamos transitando nos ayude a crear buenos recuerdos y experiencias para ambas, de forma tal que cuando miremos atrás lo hayamos disfrutado tanto, que no quede espacio para remordimientos o frustraciones por las cosas que dejamos de hacer.

Mientras tanto seguiré buscando esos destellos de todas las cosas positivas que, desde el amor, el respeto y el buen trato, intento sembrar en la mente de mi bebé. Llenarla de historias sorprendentes, con mensajes que refuerzan el lado bonito de la vida, con estrategias y herramientas que le permitan ver y recrear un mundo lleno de amor, valores y metas por lograr. Un lugar en el cual ella sepa que está bien caerse, porque puede volver a levantarse, porque un problema no es el fin del mundo, sino un desafío más de los que se le van a presentar y ella está en capacidad de asumirlo, ya que tiene las herramientas para hacerlo.

Ciertamente, hay montones de cuentos e historias para niños, así como hay millones de libros que hablan sobre qué es el Coaching, sus funciones, beneficios, escuelas, origen. De igual modo, hay infinidad de bibliografía para ampliar el tema del aprendizaje de los niños, estudios que lo certifican, psicólogos u otros expertos que cuentan con mucha más experiencia y han tratado estos temas más a fondo.

Es por todo esto que el objetivo central de este libro fue brindarles como padres un abreboca a todo el potencial que tenemos por delante, invitándolos a seguir porque si su hijo sonríe todos los días, ¡vamos por buen camino! Mi meta fue traer a la mesa un impulso, una provocación, para que sigamos buscando información sobre cómo podemos mejorar y continuar conquistando desafíos. Inspirarlos a través de una perspectiva fresca de una mamá primeriza. Porque muchas veces, nos quedamos esperando que alguien "con más experiencia" nos diga qué hacer.

Desde estas líneas, les propongo observar la experiencia de otros, pero al mismo tiempo, les planteo confiar más en sus instintos de madres y padres, afirmarlos a través del Coaching y brillar para que sus hijos puedan brillar con Uds. Recordemos que somos diferentes, nuestros hijos y sus necesidades son distintas. ¡Abracemos esa diversidad!

Finalmente, los invito a que esta etapa como mamá y/o papá, los empodere y los lleve a disfrutar de este maravilloso camino que resulta el estar *Conviviendo con Nuestro Pequeño Coachee*.

REFERENCIAS BIBLIOGRÁFICAS

1. Cala, I. (2015). *Ser como el bambú*. Nashville: HarperCollins Español
2. Cala, I. (2016). *La vida es una piñata*. Nashville: HarperCollins Español
3. Capdevila, C. (2000). *Bebé y Compañía*. Barcelona: R.B.A. Libros, S.A.
4. Carvajalino, K., Carvajalino, D. y Carvajalino, S. (2da. ed) (2016). *Padres & Coaches*. Cartagena: Dreams Publisher.
5. Dilts, R. (6ta. ed) (2013). *Cómo cambiar creencias con la PNL*. Málaga: Sirio.
6. Gearhardt, S. (2008) *El Amor Maternal*. Barcelona: Albesa.
7. Goleman, D. (2012). *La Inteligencia Emocional*. México: Ediciones B.S.A.
8. Murphy, J. (2da. ed) (2012). *El Poder de la Mente Subconsciente*. Middletown: BN Publishing.
9. O'Connor, J. y Lages, A. (2005). *Coaching con PNL. Guía Práctica para obtener lo mejor de ti mismo y de los demás*. Barcelona: Ediciones Urano.
10. Ruan, D. (2016). *Conexión Padres e hijos: Coaching Como Herramienta Para Construir Conexión Familiar En La Era Digital*. Miami: Palibrio.
11. Ruíz, M. Y Mills, J. (1998). *Los Cuatro Acuerdos*. Un libro de la sabiduría tolteca. San Rafael: Ediciones Urano, S.A.
12. Urpí, M. (2014). *Coaching Familiar. ¿Qué hacer cuando nos sentimos superados por nuestros hijos?* Barcelona: Ediciones B.S.A.
13. Wolk, L. (2da. Ed) (2003). *Coaching. El arte de soplar brasas*. Buenos Aires: Gran Aldea Editores.

E-GRAFÍA

1. Franco, C. (2015). *Alcanzando el Éxito, Recalculando el Camino. Coaching para la Gestión del Proceso de Cambio*. [versión kindle] Miami: La Polilla Book Service.
2. Melero, C. (2015). *El arte de educar para ser. Los secretos de una conversación poderosa. Escuela de Coaching para Padres*. [versión kindle]

3. Torrico, M. (2011). *Cuentos para Compartir*. Coaching para grandes y pequeños. La Paz: Creciendo. [versión kindle].

4. Lipton, B. (2008). *La Inteligencia... de las Células*. Recuperado de http://www.bibliotecapleyades.net/ciencia/ciencia_genoma16.htm

5. Spirituality for kids. (2016, Noviembre 5). Los dos hermanos. [archivo video] Recuperado de: https://www.youtube.com/watch?v=E8w_QnFB84M#action=share

SOBRE LA AUTORA

 Carolina Van Pampus es una mamá primeriza y empoderada, certificada como Coach Integral de Vida. Es también Licenciada en Estudios Liberales, con un Máster en Dirección Financiera, otro en Comercio Internacional y casi 10 años desarrollándose en este campo.

Sin embargo, su experiencia como madre y coach de su hija Alana, es lo que considera la parte más valiosa y estimulante de su currículo, pues es lo que la ha inspirado y motivado a buscar SER esa mejor versión de sí misma, salir de su zona de confort constantemente, trazarse y cumplir sus metas: este libro es una de ellas.

La maternidad, además de los miedos, despertó muchas preguntas y para darle respuesta y compartirlas con otras mamás primerizas, Carolina, decidió dar este paso y mostrarle a los padres que no siempre necesitamos a alguien con "más experiencia", a veces nuestros instintos y las herramientas adecuadas son suficientes.

Estimado lector, lectora,

Espero que hayas disfrutado de este pequeño regalo que la autora ha escrito para ti y que hayas encontrado lo que en principio buscabas.

Si deseas hacerle algún comentario, pregunta, sugerencias a la autora, estará encantada de recibirlos en las siguientes direcciones:

Twitter: @carolvanpampus | Instagram: @carolvanpampus
Facebook: Carolina Van Pampus | Correo: carolvanpampus@gmail.com
Web: www.carolvanpampus.com

Made in the USA
Columbia, SC
02 November 2017